Honigweißer Duft,
14 fantastische Gedichte

Lyrik

Harald Birgfeld

Harald Birgfeld, geb. in Rostock, lebt seit 2001 in 79423 Heitersheim. Von Hause aus Dipl.-Ingenieur, befasst er sich seit 1980 mit Lyrik. Im Verlag **ars nova** erschien von ihm der Gedichtband, 295 S., "Auf deiner Reise zum Rande im Rande des Randes der Sonne".
In mindestens 23 Anthologien ist er vertreten.
Harald Birgfeld schrieb seine Gedichte überwiegend während der Fahrten in der Hamburger S-Bahn zur und von der Arbeit.

Aus dem Gutachten, 1986, einer an der Universität Freiburg tätigen Literaturwissenschaftlerin:
"Es lohnt sich, einmal einen heutigen Dichter kennen zu lernen, der mit der deutschen Sprache einen faszinierend fremden Weg betritt und trotzdem dem Leser Freiraum lässt für eigene Gedankengänge, ohne dass die Probleme in erhobener Zeigefingermanier zu zeitkritischen Trampelpfaden werden."

Buchumschlag: Harald Birgfeld

Herausgeber, Autor, Redakteur: Harald Birgfeld.
e-mail: Harald.Birgfeld@t-online.de
Im Internet unter : www.Harald-Birgfeld.de

Herstellung und Verlag:
Books on Demand GmbH, Norderstedt
ISBN: 9783735743053

Inhaltsverzeichnis .... Seite

Honigweißer Duft

In unsrem kleinen Garten
Wächst ein Flieder.

Wenn er blüht und seinen Wohlgeruch
Verstreut, verwehen lässt,
Und wir ihn, Jägern gleich,
Erhaschen,
Soll er uns den Frühling bringen.

Jetzt steht seine weiße Pracht
An fingerdünnen Ärmchen seines Stammes,
Der entwächst nur einem Tongeschirr,
Vor einer weißen Wand
Mit einer weißen Leuchte, hoch auf einer
Feldsteinmauer,
Links geschützt von einem weißen Zaun,
Der ist ganz niedrig, weil wir alles
Größer wirken lassen wollen,
Rechts von einer hohen, weißen Mauer.

Honigweißer Duft des Flieders, weitet sich
Nun aus und quillt versteckt aus
Schweren Dolden,
Sinkt dann süßen Wolken gleich
Zu uns herab und bringt
Den ersten Frühlingstag.
Den hatten wir erhofft, erwünscht,
Herbeigesehnt,
Dass er nun kommen
Musste.

Ein Kuss ist
mit dir durch die Wolken reisen.

Aschenbrödel

Aschenbrödel geht mit ihrem
Rucksack ins Theater, zum Ballett,
Sitzt dort im Publikum und
Trinkt aus einem Campingbecher Nesseltee.
Sie trägt heut einen kurzen, keuschen Zopf
Und einen roten, selbstgestrickten Pulli
Und darunter gar nichts,
Das fällt auf.
Der Prinz auf ihrer Bühne wird von ihrer
Stieffamilie, Mutter und zwei Schwestern,
Arg bedrängt,
Auch weiß er nichts von ihr.
Sie weint.

Von oben lässt man an dem
Seil der Unvernunft ein Kleid und Schuhe
Wie aus Glasstaub nieder.
Die darf sie nun tragen und
Betritt die Bühne, tanzt und nur mit ihrem
Prinzen und bleibt ihm doch fremd.
Sie liebte ihr Zuhause und die Ärmlichkeit,
Litt alle Schmach, die ihre Stieffamilie
Über sie je brachte.
Sie ist brav.

Um Mitternacht ist ihre Zeit vorbei.
Das Seil zieht alle Habe wieder hoch
Und nur ein Schuh fällt in die
Hand des Prinzen.
Der erkennt die Zuversicht der schönen
Fremden und auch seine Leidenschaft,
Er findet ihren Fuß, dem passt der Schuh.

Die Bühne ist zu klein für so viel Glücklichsein.
Doch noch im Rampenlicht verurteilt sie
Als Strafgericht die
Mutter und die bösen Schwestern.

*Ein Kuss ist
eine Reise in dein Herz.*

Hänsel und Gretel

Sie war schon groß,
So groß, dass sie den
Kleinen Bruder auf den Armen tragen könnte,
Und sie hatte auch gehört,
Dass man sich fern in andren
Ländern täglich wusch
Und traute sich und ihrem
Brüderchen im Übermut
Mit ihrem T-Shirt und dem
Wasser einer Pfütze zwischen
Fernzuggleisen, wo sie beide lebten, schliefen,
Und auf Pappen wohnten,
Hände und die Wangen abzuwaschen.

Sie war glücklich hier und froh,
Und sie empfand es dankbar,
Einer lockenden, maskierten Frau,
Den Weg erst von dem Brüderchen
Und dann von sich so listig abzuschneiden,
Dass sie sie für dieses Mal und
Für die vielen andren Male
Überführen konnte,
Das mit einem kleinen
Stöckchen unter einem Überzug,
Der Blase eines Fisches,
Einem jungen, alten Trick,
Von dem sie wusste.

Sicher käme irgendwann einmal die
Mutter oder gar der Vater hier vorbei,
Um sie zu finden.

*Ein Kuss ist
dir durchs Haar zu streichen.*

Des Kaisers Nachtigall

Mein großer Garten liegt
Wie heil
In einer Wald- und Wiesenlandschaft.
In dem Garten
Finde ich ein kleines Nest
Mit fingernagelgroßen Eiern
Und mit einem Kuckucksei darin,
Das überschattet alle,
Und die Vogeleltern
Ahnen nichts von dem Betrug.

Aus meinem Zimmer, weit in meinem Rücken,
Höre ich vom Bildschirm
Beifall klatschen.
Sicher ist ein großer Sieg
Errungen worden.

Spät, schon in der tiefen Dunkelheit,
Weckt mich aus einem Dämmerschlaf
Das helle Singen einer Nachtigall.
Sie ist mir gleich vertraut, ich kenne sie.
Ihr langes Lied und ihre Melodien, ihr
Schluchzen rühren mich,
Ich gebe gerne mein Versprechen,
Dass ich niemandem auch nur ein
Wort von ihr erzählen
Werde.

Ein Kuss ist
Ruhe, Stille und der Sturm in unsrem Schweigen.

Schlaraffenland

Es ist sehr schwer,
Den Eingang in ein Land zu finden,
Das den Träumer seine Träume leben und
Die Wachen ihre Träume träumen lässt.
Sobald ein Jemand es jedoch erreicht,
Ist er gleich unter Gleichen.

Kleidung, Essen, alles Leben, alles
Denken werden angefüllt und angedient
Mit Köstlichkeiten eigenen Begehrens,
Was man machen möchte,
Ist bereits getan.

Es gibt auch keinen Zaun
Und keine Grenze um dies Reich.

Nur selten,
Wenn ein Träumer seine Träume nicht mehr
Leben kann und
Wenn ein sonst so Wacher seinen Traum verliert,
Wächst still ein Tunnel in ein wahrhaft
Unbegrenztes Land heran.
Der wird zum eigentlichen Eingang.

Dort erst, heißt es, ist man wirklich
Ohnegleichen
Im Schlaraffenland.

Ein Kuss ist
deine Sonne scheinen zu sehen.

Hans im Glück

Ich ging auf eine lange Reise,
Meine Hände hielten einen Barren Gold,
Den hatte ich verdient,
Der sollte mir nun Glück bescheren.

Auf der Reise bin ich
Einem Mann begegnet,
Der seit über fünfundvierzig Jahren
Einen Elefantenbullen
Wie sein eignes Leben hütete und pflegte.
Dieser Mann war sehr begabt
Und tauschte
Eine Zeichnung seines Elefanten,
Gegen meinen Barren Gold.

Das war mein Glück,
Denn danach traf ich eine Frau,
Die lebte über zwanzig Jahren schon
Als Leittier einer Elefantenherde,
Und sie tauschte mir
Ein leeres Tagebuch,
In das sie gern geschrieben hätte,
Gegen meine Zeichnung
Von dem Elefantenbullen.

Und ich hatte wieder Glück, denn
Schließlich war ich Gast in einer
Kleinen Küche,
Dort erfuhr ich von der Hausfrau,
Wenn sie nur auf diese eine Küchenleiste
Klopft, erscheint,
Seit sie vor drei Jahrzehnten
In dies Haus gezogen sei,
Gleich eine Spinne,
Die lebt dort versteckt.

Die Hausfrau tauschte mir ihr Wissen
Und Geheimnis gegen mein
Noch leeres Tagebuch,
Sie wollte darin
Alles niederschreiben.

So traf Glück auf Glück,
Denn als ich endlich heimkam,
War ich unbeschwert und frei
Und dankbar über so viel Glück,
Das ich bei anderen für mich
Gefunden hatte.

*Ein Kuss ist
Übermut an dir und mir.*

Unter dem Wacholderbaum

Sie lebte an der Küste.

In der Liebe hatte sie schon
Alles hinter sich:
Zu lieben und geliebt zu werden.

Nun jedoch hat sie ein Neuland,
Das sich lohnt, entdeckt:
Sie nimmt und gibt
Und gibt und nimmt.

Mit ihrem Körper leiht sie
Mutterschaft an andre aus.

So hatte sie beim ersten Mal
Den Garten und das Haus erworben.
Doch beim zweiten Mal
Lässt sie die Eltern warten.

Sie besinnt sich, wie es war,
Als sie mit fünfzehn Jahren
Schwanger wurde von dem Jungen,
Der hier Urlaub machte,
Den sie damals, als er nicht mehr
Wiederkam, in einem regionalen Wochenblatt,
Als wäre es normal,
Beschrieb und suchen ließ.
Das fanden alle süß,
Sie aber fügte sich den Eltern
Und brach ab.

Jetzt fand sie in dem neuen Haus
Auch einen alten Balken,
Der war hoch genug und fest
Und hielt das Seil.

Das Kind war nicht zu retten.
Man begrub es ungeboren in dem Garten
Unter dem Wacholderbaum.
Nur so, das war hier Brauch,
War neues Leben möglich.

Plötzlich saß und sang,
Wie aus dem Nichts, ein
Feuervogel in dem Baum,
Der blendete sie alle.
Niemand hatte solches je zuvor
Gesehen:
Unter dem Wacholderbaum
Lag ein gesundes Kind.

Ein Kuss ist
Sonne in der Nacht.

Der Froschkönig

Sie war Tochter, jung und reich,
Die Welt hielt sie mit
Goldenen Karten in den Händen.
Ihre Spiele waren neu,
Vom Hubschrauberlandeplatz des
Höchsten Hauses ihrer Kette von Hotels schlug sie
Den Golfball, einen nach dem anderen,
Auf weit entfernte Ziele unter sich ins Wasser,
Aus Versehen aber auch die kleine Silberkugel,
Die mit Engelsharfenklang beim Fallen,
Und dem eingebauten Zufallsgenerator,
Großes Liebeglück verkündete.

Die Kugel war ihr Schatz,
Ein Himmel schien mit ihr
Für alle Zeit verloren und sie weinte bitterlich.
Sie schwor, den, der den Schatz ihr wiederbrächte,
Selbst zu ihrem Schatz zu machen.

In der Nähe hielt ein Rapper
Ausschau nach ganz neuen Texten,
Hörte ihren Schwur und
Ließ sie ihn erneuern,
Sich dazu noch einen Kuss
Und eine Nacht in ihrem Bett
Versprechen.

Er war Frosch, ein Kind des Wassers.
Seine Haare hatte er als Königskrone hochgestellt
Und war mit Heinrich, seinem Freund,
Dem Stummheit seinetwegen eisern seinen Mund
        verschloss,
Voll Tatendrang.
Er hatte ihre Silberkugel schnell entdeckt
Und brachte sie zurück.

Als er auf ihren Schwur bestand,
Gab sie ihm schnell den Kuss
Und stieß ihn dann,
Vom Dach des Hauses in sein Element.
Sie wollte nur die Kugel.

Dann jedoch, im letzten Augenblick,
Betört von einem wunderbaren Wandel
Seiner Augen, des Gesichtes, seiner Haut,
Riss sie ihn sich zurück.
Sie fühlte ihm sich plötzlich sehr vertraut
Und war für ihren ganzen Schwur bereit
Und schloss nach Frauenart die Augen.

Ganz behutsam spürte sie
Ein Liebesglück erwachen
Und ihr Herz zur Engelsharfe werden.

Ihre Silberkugel hielt sie fest an sich gedrückt,
Und dem getreuen Heinrich
Brach bei so viel Glück
Der Eisenring von seinem Mund.

*Ein Kuss ist
dir und mir das Glück zu schenken.*

Das kalte Herz

Ihr Herz lag lange schon
Versteckt im Kleiderschrank
Zuunterst bei den Wintersachen,
Neben Briefen, altem Schmuck und einem Amulett,
Darin war Haar von einem
Abgelegten,
Der war ihr noch ganz in Liebe zugetan,
Die er ihr immer wieder eingestand.
Trotzdem trat er ihr nicht zu nah,
Vielleicht aus Eigenschutz.

Sie wusste all das sehr genau.
Sie war Juristin und verdiente äußerst gut
Und lachte laut und oft, wenn Leute
Zwischen Recht und der Gerechtigkeit
Nicht unterscheiden konnten.
Sie erkannte gleich,

Dass es nur eines gab von beiden,
Das war immer Recht,
Das war auch stets auf ihrer Seite,
Dafür lag ihr Herz im Kleiderschrank,
Das hatte zu viel Herz gehabt
Sie hatte es für viele kalte
Paragraphen eingetauscht,
Die schlugen nun in ihrer
Brust.

In einer Laune junger Fraulichkeit,
Ein wenig auch im Übermut,
Gab sie auf dem Designersofa
Ihrer Lust und auch dem Drängen eines Mannes nach,
Der wunderbar erzählen konnte,
Seinen Worten Sinn und tiefes Fühlen gab,
Sie aber eigentlich mit dem Vibrieren seiner Stimme
In ein Liebesland entführte,
Etwas, dem sie nichts entgegensetzen konnte,
Außer sich und eine nie geahnte
Seligkeit, die ihr erwuchs und die
Voll süßer Schmerzen war.
Sie litt das erste Mal in ihrem Leben
Liebesqualen als er sie verließ,
Und sie ihm wenig später in der Stadt
Mit einer anderen begegnete.
Er war sehr freundlich und begrüßte sie
Und schob ihr damit eine Kröte in den Hals.
Sie weinte bitterlich als sie zu Hause war.
Das war ihr neu, sie schämte sich
Und sehnte sich nach ihrem warmen Herz
Als es noch Herz von ihrem Abgelegten war.
Der hatte, wie so oft, mit Blumen bei ihr angeklopft.

Als er sie nun erneut in seine Arme nahm,
Lief sie nicht durch ihn durch.
Er hielt sie fest, und sie entließ ihr
Herz aus seinem Winterschlaf
Und nahm es fest in ihre Hand.

*Ein Kuss ist
in der Nacht von dir zu träumen.*

Tausendundeine Nacht

Die Kinderschaukel
Stand so seltsam ruhig
Vor dem Mond.

Im Garten war es viel zu eng
Für weite Sicht
Und doch glitt er mit
Sehnsuchtsvollen Augen
Über die Gebirge, die er
Auf der weißen Scheibe
Sah.
Die sollte schon einmal ein
Mensch betreten haben.

In das grelle Licht
Stieß eine Stange dieser Schaukel,

Daran hing der Anfang
Ein Seiles.

Jetzt war er dort oben
Astronaut an einem Kraterrand,
Zugleich ein Fremdling,
Irgendwo auf einem Blütenfest.
Hier fesselte zuerst
Die schwingende Bewegung einer Körperkünstlerin
Den Blick,
Doch dann verlor der sich in ihrem Rücken
In der Abendsonne,
Die war nah und stand in einem See
Und blendete.

Von seiner Medizin, die er noch
Regelmäßig nahm,
Versprach er sich sehr viel.

*Ein Kuss ist
meine Liebe zu dir tragen.*

Dornröschen

Sie zog in den Süden, wo die Erde wärmer war,
Und wo das Blühen blühte,
Wo sie Rosen pflanzen, lieben,
Atmen und berühren konnte,
Und sie hatte schnell zwei Rosengärten, einen vor
Und einen hinter ihrem Reihenhaus.
Sie kannte alle Rosennamen,
Und die Blütenpracht in Rot und Rosa, Weiß
Und ganz besonders warmem Gelb,
Verwehte sanften Duft,
Ein Schatz, den sie tagaus, tagein
Als leichtes Sommerkleid empfand.
Die Leute nannten es das
Rosenhaus, weil vorne zwei der
Rosen über Fenster und die ganze
Hauswand bis hinauf aufs
Dach gewachsen waren.
Ihre Welt stand still.

An einem lauen Sonnentag jedoch
Durchbrach ein starker Arm
Den Wall von Dornen bis zu ihr.
Mit seinem ersten Kuss
Schloss er ihr alle Himmel wieder auf
Und sprach von ihren beiden Gärten, ihren Rosen,
Und wie lange sie schon
Tief in seinem Herzen wohnte,
Und wie schwer sie aufzufinden war.

Sie aber zog ihn langsam zu sich hin
Und flüsterte ihm in sein Ohr:
„Ich hab noch einen dritten
Rosengarten,
Der steht immer ganz in Blüte,"
Und es wuchsen schlanke Ranken ihm um
Leib und Schultern und an seinen Mund
Und hatten keine Dornen.

*Ein Kuss ist
mehr als viel zu viel.*

König Drosselbart

Ihr Vater hätte gern gesehen,
Dass sie sich verloben würde.
Die Gesellschaft fände das als gutes
Zeichen, und sie brauchte ja
Nicht gleich zu heiraten.
Die Firma lief sehr gut, so richtig gut,
Dass es ein Jammer wäre, wenn..

Er hatte auch schon Kandidaten für sie
Ausgesucht und wusste, dass das sehr
Gefährlich werden konnte:
Seine Tochter war in alle Richtungen
Verwöhnt und sehr verzogen.
Das war seine Schuld.
Das Risiko schien groß, denn sie nahm seinen Reichtum
Als ganz selbstverständlich hin,
Tat selber nur, was ihr gefiel und allen andren
Zwang sie ihren Willen auf.
Sie sah nicht ein, dass sie sich binden sollte.
Besser könnte sie es nur bei einem wirklich Reichen
        haben.
Männer waren ihr somit nicht wichtig,
Und sie hatte nur noch Spott und Hohn für sie.
Schon Äußeres, wie Kleidung, und die Sprache
Eines stillen Werbers, zog sie laut ins Lächerliche.

Dann, aus Übermut nahm sie sich einmal einen
Lückenbüßer, einen armen Musikanten.
Der gefiel ihr, weil er sein Gesicht
Versteckt hielt hinter einem Bart.
Trotzdem verspottete sie ihn als König Drosselbart.
Der Vater war darüber sehr erbost und schmiss sie und
        den
Unbedarften raus und
Setzte sie, zwei Mittellose, einfach auf die Straße.
Das quittierte die Gesellschaft mit viel Schadenfreude.

Notgedrungen hielt sie bei ihm aus, zunächst als
Besserwisserin:
„In meines Vaters Haus wär ich jetzt reich",
Doch willigte sie dann, zum Schluss,
In eine Heirat mit ihm ein,
Die war so ärmlich wie ihr ganzes, neues Leben,
Ohne weißes Kleid und ohne Strauß.
Nach Hause traute sie sich nicht zurück.

Ihr Mann war gut zu ihr und half ihr sehr
Und hatte selber nichts.
So lernte sie den Müllcontainer eines Supermarktes
Sehr zu schätzen.
Doch dann gab sie sich geschlagen und erkannte ihrer
        beider Not.
Sie floh deshalb von ihm und
Hatte Glück mit einer Arbeit in der Küche eines
Herrschaftlichen Hauses.
Dort bereitete man sich auf eine große Hochzeit vor.
Den Herrn des Hauses hatte sie noch nie gesehen,
Wer das Brautpaar war, blieb allen ein Geheimnis.
Daran war sie aber gar nicht intressiert, sie dachte jetzt
Nur noch in Liebe an den eignen Mann, den sie verlassen
Und wie unrecht sie an ihm gehandelt hatte.

An dem Tag der Heirat wurde sie zu ihrem
Herrn gerufen, der sah sehr gut aus und war ihr plötzlich
Wohlbekannt.
Der nahm sie diesmal richtig an die Hand
Als seine Braut im weißen Kleid mit einem Strauß
Aus roten Rosen und Rapunzeln und viel Schleierkraut.

Ein Kuss ist
dich ganz leise zu bewundern.

Alinas Traum

Du bist die ersten vierzehn Tage
Deines Lebens auf der Welt
Und heute zeigten uns die
Mama und dein Papa,
Dass du schon wahrhaftig träumst.
Wie schön wär es für uns,
Erahnten wir wovon.

Die Webcam schwenkte leicht
An dir vorbei, damit wir dich im Ausland
Besser sehen konnten, und die Mama sagte,
Dass du schon mit deinen Augen
Ihren Weg verfolgst.

Wir sehen, dass du deine Händchen
Ganz geschickt vom Mund an
Deine winzig kleine Nase führst,
Dass deine Fingerchen sich gegenseitig suchen
Und auch finden.
Hier, an unsrem Bildschirm streicheln wir dir
Wangen, Ärmchen und die Hand.

Ganz sicher ist, dass du die Welt erspürst,
Wenn du auf Papas Bauch ganz ruhig liegst
Und seitlich nachschaust, ob sich etwas regt,
Wenn deine Mama dich auf ihre Schulter legt
Und wenn du atmest, was dich schon dein
Ganzes Leben lang als schönster
Wohlgeruch begleitete.

Dann huscht ein Lächeln über dein Gesicht,
Das haben wir, so weit von dir entfernt, genau gesehen,
Und wir fragten fast ein wenig laut:
„Was sie wohl träumt,
Wovon, woran sie jetzt wohl denkt".

Die kleinen Augen bleiben unverhofft
In unsrem Blickfeld stehen,
Schauen für Sekunden und ganz ruhig in die Kamera
Als wollten sie uns Antwort geben,
Und es muss ein großer Augenblick gewesen sein,
Denn du schläfst ein.
Doch noch im Schlafen scheinst du wach
Und uns ganz nah bei dir zu wissen.

Träume deinen Traum.

Wir schalten die Verbindung lautlos ab
Und sind doch selbst noch lange
Etwas Traum von deinem
Traum.

Ein Kuss ist
uns Geschenk und Gabe, die wir nicht mehr trennen wollen.

Die Schneekönigin

Sie erzählte mir die Sache so:
Ich war die Herrin vom Forellenhof
Und er, mein Kai, war damals noch sehr jung.
Er war verliebt in seine Nachbarin,
In Gerda, die war arm wie er
Und wusste nichts von Liebesdingen.
Ich erfüllte ihm die Wünsche, die er hatte,
Und auch meine.

Erst war ich die unnahbare Schneeprinzessin.
Dann die „Eisfrau aus dem Baikalsee".
Denn über diesen See hinweg war er
Die superlangen Trucks gefahren,
Wenn der zugefroren war.

Ich war das Bild in seinem Außenspiegel.
Immer war ich ihm vor Augen, bis der Frost
Den Spiegel abriss und in hunderttausend Stücke schlug.
Davon traf eines in sein Herz, ein andres in sein Auge.
Nun war ich für ihn die Königin in allen Dingen.
Ja, ich faszinierte ihn,
Ich habe ihn bekommen, nicht die andere.

Er hat für mich den Hof verwaltet
Und war Herr der Fische oben in den Bergen.
Seine Liebe hatte er mir fest versprochen,
Und die zugefrorenen Gewässer tief im Winter
Wurden seine Leidenschaft.
Dann sah er durch das klare Eis,
Weit unten auf dem Grund,
Forellen wie erstarrt, wie tot.

Das ging so Jahr für Jahr.
Doch eines Tages las ich in der Zeitung,
Dass er unsren Hof verkaufen wollte,
Und ich wusste nichts davon.
Er schlief auch nicht mehr in den Bergen
Bei den Teichen oder hier bei mir.
Wie ich erfuhr, schlief er seit fast zwei Jahren
Bei der Nachbarin aus alter Zeit.

Er hat mir einen Brief geschrieben,
Dass ihm seine erste Jugendliebe, Gerda,
Neu begegnet ist, dass er zu ihr zurückgefunden hat,
Dass sie ihm Herzenswärme schenkt
Und er in ihren Armen wieder weinen kann.
Das habe ihn von mir befreit.

Mit seinem Brief kam ein Geschenk für mich.
Nur eine winzig kleine Spiegelscherbe,
Klein wie Diamantensplitter, als der letzte
Stein im Mosaik des Wortes Ewigkeit.

Ein Kuss ist
eine Sommerreise auch im Winter.